A a

A a

A a

A A A A A

a a a a a a a

A a

B b

B B B B B B

b b b b b b b

B b

B b

B B B B B B

b b b b b b b

B b

C c

C c

C c

C c

D d

D d

D d

D d

E e

E e

E e

E e

F f

F F F F F

f f f f f f f f f f f

F f

F f

F f

G g

G g

G g

G G G G

g g g g g g g

G g

H h

H h

H h

H H H H

h h h h h h h

H h

l i

I i

l i

l i

J j

J j

J j

J j

K k

K k

K k

K k

L l

L l

L l

L l

M m

M M M M

m m m m m

M m

M m

M m

N n

N n

N n

N n

N N N N N

n n n n n n n n n n n n n n

O o

O o

O o

O o

P p

P p

P p

P p

Q q

Q q

Q q

Q q

R r

R r

R r

R r

S s

S s

S s

S s

T t

T t

T t

T t

U u

U u

U u

U u

V v

V v

V v

V v

Ww

Ww

Ww

Ww

X x

X x

X x

X x

Y y

Y y

Y y

Y y

Z z

Z z

Z z

Z z

www.ingramcontent.com/pod-product-compliance
Lightning Source LLC
Chambersburg PA
CBHW071335130726
47996CB00002B/759
9798665112183